Je dédie ce livre à deux amis chers: Henry Hottinger et Sabina Reichenbach, deux pasteurs d'une ouverture d'esprit hors-pair. Ces prières se basent sur le travail d'Henry qui a 94 ans. Il est d'une générosité inouïe et se soucie toujours des autres. Depuis son plus jeune âge il consacre sa vie à la diffusion de la Parole de Jésus-Christ dans ses actions, écrits et discours. Sabina est une amie extraordinaire vouée au bien des autres, diffusant les bons enseignements bibliques. Ensemble, main dans la main ils bâtissent un monde meilleur.

Que Dieu les bénisse!

© 2022 Carla Salas www.carlasalas.ch
Révision: Béatrice Mogenier
Design couverture: Carla Salas
Ilustrations: ©Adobe Stock - Photos gratuites
Édition: BoD - Books on Demand,
12/14 rond point des Champs-Élysées,
75008 Paris
Impression: BoD - Books on Demand,
Norderstedt, Allemagne

ISBN: 978-2-3223-9203-2

Dépôt légal: février 2022

Carla Salas

30
Prières d'amour, pardon et guérison

1. Grâce à toi Seigneur, je suis délivré.e!

Seigneur Jésus, je viens à Toi de tout mon cœur, pour que Tu sauves mon âme. Je mérité le châtiment de mes péchés, mais je crois que déjà Tu as porté cette punition sur la Croix du Calvaire où Tu as été crucifié. Oui, c'est moi qui devrais être crucifié.é non pas Toi. Merci d'avoir pris ma place et de m'avoir délivré.é de ma condamnation. Maintenant, je Te prie de me donner l'assurance du pardon de ses péchés à celui qui se repent. Fais-le devenir une nouvelle créature, comme le dit ta Sainte Parole, et je Te remercie, parce que je sais que Tu m'entends et que Tu réponds à ma prière. Amen.

2. Le Salut, cette grande Grâce!

Seigneur, je te bénis pour ce grand Salut que proclame l'Évangile, pour ces voix autorisées qui m'affirment que cette expérience est valable pour aujourd'hui. Merci Seigneur de cette grâce qui m'est assurée dans la foi en Jésus-Christ. Merci pour ce chemin si simple que je peux prendre, au milieu des tourments, pour avoir la paix, la joie et la vie éternelle en Jésus-Christ, notre Seigneur. Amen.

3. Au petit matin

Seigneur, je te demande que dans la clarté de ce petit matin qui se lève sur la terre des hommes, plusieurs puissent trouver en Toi le repos de leur âme à travers une repentance sincère, inspirée par Ton Esprit. Que plusieurs aussi, puissent trouver la guérison et la délivrance. Dieu de toute grâce, je te loue dans le nom de ton grand serviteur, Jésus-Christ. Amen.

4. Ton immense Amour

Seigneur, mon Dieu, je te rends grâce pour ton immense Amour. Je veux maintenant m'approcher de toi, au moyen de ton fils Jésus-Christ. Je désire écouter ta voix, afin que, dès aujourd'hui, je devienne Ton fils, Ta fille, en Jésus-Christ, notre bien-aimé Sauveur. Amen.

5. Pardonne-les maintenant

Mon Père, qui es aux cieux, pardonne maintenant à ceux et à celles qui t'apportent des paroles venant d'un cœur repentant.

Que ta vie de Dieu devienne leur capacité corporelle. Seigneur, veille totalement à vivifier ces personnes qui dans leurs cœurs le demandent et en ont besoin. Je te demande que la vie de Jésus-Christ soit manifestée dans leurs corps. Oui, je crois fermement que la vie de Jésus-Christ va être manifestée dans leurs chairs mortelles. Comme tu purifies ces personnes de tous péchés et que tu renouvelles leurs esprits, tu désires manifester ta puissance dans leurs âmes et esprits. Je te présente mon corps en sacrifice vivant, c'est pourquoi ni

ma vie ni mon avenir sont entre mes mains. Bien que la guérison soit importante, je dois surtout désirer et rechercher Dieu le Père et son Fils Jésus-Christ pour garder mon Salut et avoir la victoire jusqu'au bout. Amen

6. Purifie-moi!

Dieu, l'Éternel Majesté du Ciel et de la Terre, je te demande que par le précieux sang versé de ton fils Jésus-Christ, je puisse maintenant être purifié.e et sacrifié.e dans mon corps, dans mon âme et dans mon esprit. Jésus-Christ permet, je t'en supplie, que ce ne soit plus mon âme et mon corps charnel qui dirige et décide de ma vie, mais que ce soit Toi seul par la puissance du Saint-Esprit sur mon esprit qui décide et dirige ma vie toute entière. Je te le demande sincèrement en ton Saint Nom. Ainsi soit-il. Amen.

7. Rétablir sa santé

Père Céleste, jamais je ne pourrai assez te remercier de m'avoir donné ton fils bien-aimé sans lequel je n'aurais jamais pu être sauvé.e ni être au bénéfice de la guérison divine. Par tes meurtrissures tu donnes la vie à mon corps mortel. Je te prie Dieu mon Père, de m'autoriser par ton fils bien-aimé à demander son secours maintenant. Seigneur Jésus-Christ, pose-toi sur moi qui souffre bien plus que je ne peux le supporter. Je te prie de rétablir ma santé que j'espère tant afin que je puisse retourner à une vie normale. Permet que par ton amour et ta miséricorde, je puisse retourner à mes devoirs spécifiques. Seigneur Jésus-Christ pose ta main guérissante sur moi. Je me confie à toi et je te prie de me guérir pour me délivrer de tout mal dont je suis victime. Je prends cette guérison par la foi, te remercie et te loue. Dans le Saint Nom de Dieu le Père du Fils Jésus-Christ et du Saint-Esprit. Amen.

8. Enseignement global

Dieu mon père, je viens à toi par le Saint Nom de Ton Fils bien aimé. Je sais que prier pour la guérison fait partie de ton plan de Salut. Oui, ma personnalité humaine implique davantage que la chair et le sang. Elle est en union étroite et délicate avec mon corps-esprit et âme. Rechercher la perfection pour moi-même uniquement serait manifester un élément de ma personnalité aux dépens des autres; ce serait prendre le risque d'annuler l'ensemble. Car ils forment une interaction entre l'un et l'autre bien que je ne puisse pas m'en rendre compte ou et que simplement je ne puisse l'ignorer. Un corps malade va causer des dommages, attrister mon âme et empêcher d'être clair dans mon esprit. Un esprit malade va engendrer et provoquer des perturbations souvent sérieuses. L'attitude mentale a la capacité d'affecter l'âme. De même, l'esprit et l'âme peuvent, avec une connaissance supérieure à mes sens, donner au corps une force, une endurance ainsi que des moyens de récupération insoupçonnés à nos sens physiques. L'âme et l'esprit de l'homme sont capable d'intuitions qui transmettent un procédé mental et ainsi donneront des ailes à l'ensemble de mon corps torturé et pourront ainsi aider à ma guérison. Par la foi, tel un enfant envers son Père, je te dis MERCI Seigneur pour la guérison que tu accomplis maintenant. Amen.

9. Tu es Une aide efficace

Merci Mon Dieu de me dire que pour tout cœur qui le veut, Tu as, dans le Ciel, une demeure préparée; et quiconque cherche, trouve en toi une aide efficace en temps de besoin.
Celui dont le cœur n'est pas établi dans la vérité, dont la nature n'est pas sous le contrôle de la loi de l'Amour Saint, est exposé à la loi de séduction du mal. Car aucune sécurité n'existe pour l'âme non née de ta bonté. Celui qui n'a pas cette position est moralement exposé aux influences qui l'attirent vers les ténèbres de dehors. Que celui qui souhaite être disciple de la vérité et désire entrer dans le repos se refuse à suivre les penchants impurs de son cœur pécheur. Je t'implore Mon Dieu de me faire la grâce d'être ton disciple. Amen.

10. Sanctifie-moi

Accepte ô mon Dieu ma louange car Tu es le seul digne dans tout l'Univers d'être adoré. Merci de me rappeler que tu es rempli de bienveillance. Tu nous fais comprendre par la Révélation que rien d'impur ne pourra rentrer dans la Sainte Cité qu'apôtre Jean a vue. Dans ce Temple sacré aucun esprit désincarné ne peut y entrer s'il n'est pas sanctifié. Je désire Mon Dieu que tu me sanctifies davantage afin d'être pur et digne de Toi. Amen.

11. Jésus-Christ est la vérité

Gloire à toi Dieu notre Père, la miséricorde est Ton nom. Elle est un attribut de Ton Trône. À toi, ô Dieu, appartiennent la Justice et la Grâce. Tu as tellement aimé ce monde voué à sa perte que tu as donné ton Fils bien-aimé pour porter notre iniquité et nous sauver pour autant que nous voulions accepter ton Salut. Ton Fils Jésus-Christ est le Chemin, la Vérité et la Vie. Je suis rempli de joie de savoir que Tu es l'Étoile brillante du matin, le soleil de justice et la vérité dans la Gloire rédemptrice et que tu es venu pour nous racheter. Amen.

12. Tu es la Foi

Seigneur Jésus-Christ mon sauveur, merci, pour moi tu as triomphé de l'ennemi. Merci car aujourd'hui, comme autrefois, tu guéris les cœurs brisés et tu redonnes la foi aux affligés. Merci car tu as pardonné aux transgresseurs qui ont été sincères dans leurs demandes de pardon et tu as rempli leurs cœurs de paix et de céleste amour. Oui, tu t'es souvenu de ma déchéance et c'est de la compassion que tu as éprouvée pour moi. Tu as souffert l'agonie sur la Croix afin de nous offrir par ton sacrifice le Salut. Car celui qui sème pour la chair, moissonnera de la chair. Merci Seigneur de m'avoir fait comprendre par ton Esprit Saint, que je peux subir les conséquences de la violation de la Loi qui est la Loi de notre vie. Amen.

13. Pardonne mes péchés

Seigneur Jésus-Christ mon sauveur, je t'ouvre mon cœur, je te demande de pardonner tous mes pêchés. Je te demande de venir dans mon cœur et d'être mon Maître et mon Sauveur. Pardonne tous mes péchés. Mets ton esprit d'amour en moi. Fais de moi un enfant de Dieu, un.e véritable Chrétien.ne avec ton esprit dans mon cœur. Seigneur, je sais que nul crime ne peut être puni ou payé deux fois. Puisque Toi, Jésus-Christ, tu as subi le châtiment entier pour chaque péché que j'ai commis, ma dette a été payée et elle n'existe plus. Rien ne peut plus me séparer de Toi car aujourd'hui tu m'as admis dans ta famille royale. Merci Seigneur pour le don de ton Salut que tu m'as offert à cet instant. Amen.

14. Aide-moi, je suis malade

Seigneur, tu peux me venir en aide pour ma maladie. Je sais que tu enlèveras la maladie de mon milieu et que tu vas le faire personnellement. Pour toi tout est possible, car tu as toute la puissance et l'autorité sur les principautés de ce monde et sur toutes les maladies. Je pose ma main là où se trouve ma maladie ou infirmité et j'attends Ta main guérissant là où se trouve la mienne. Oui guéris-moi, que je sente déjà que Ta puissance de guérison se répand. Amen.

15. Tu me rends puissant!

Dieu trois fois Saint, Mon Père Céleste, Ta parole dit que tu as donné à chaque humain une mesure de foi. Tu dis, si nous pouvons croire, toutes choses sont possibles à celui qui croit. Tu dis également que tu nous donnes la puissance sur toutes les puissances de l'ennemi. Tu vas même jusqu'à dire que toute puissance nous a été transmise par Toi dans le Ciel et sur la Terre. Merci mon Dieu pour ces formidables promesses. Merci de ce que tu as dit, que celui qui croit en toi réalisera les œuvres que tu as promises et même, pour me permettre de réaliser des œuvres encore plus grandes. Et que tout ce que je demanderai en ton nom Tu le feras afin d'être glorifié. Ô Mon Dieu, toi qui es la source de la Santé et de toute guérison, toute force et Paix, enlève de moi tout ce qui empêche l'œuvre de ta Puissance guérissante et de restauration de mon corps de s'accomplir à travers moi. Enlève-moi toute crainte, anxiété et peur. Enlève de moi toute amertume et donne-moi la capacité de pardonner à mes semblables et à ma famille. Merci parce qu'à cet instant, même les œuvres de destruction de Satan sont rompues, que tu guéris et restaures tous ceux qui s'attendent et se confient entièrement à Toi maintenant. Oui, je crois que tu m'as touché. Gloire et louanges te soient rendues à toi Mon Dieu. Ainsi soit-il. Amen.

16. Je me sers de ton nom Seigneur Jésus-Christ quand je prie

Jésus-Christ a dit que nous pouvions nous servir de son nom quand nous prions. Il a dit que nous pouvions nous en servir quand nous faisons face aux démons. Il a dit que nous pouvions nous en servir pour guérir les malades. En fait, c'est là qu'est le secret dans l'emploi de ce Saint Nom. Nous avons été trop souvent dépendants de notre habileté pour délivrer quelqu'un, quand en réalité, seul le Saint Nom délivre.
La mesure de l'autorité (la mesure du pouvoir du Seigneur Jésus-Christ) réside dans la valeur de ce Saint Nom, et tout ce qui est investi dans ce nom nous appartient, car Jésus-Christ n'a posé aucune condition pour l'emploi de son nom. Amen.

17. Jésus-Christ me rend la vie véritable

Jamais nous ne pourrons assez démontrer notre reconnaissance de l'œuvre énorme que Jésus-Christ a accomplie à la Croix pour que notre vie de mort spirituelle puisse être totalement transformée et changée en une vie de résurrection spirituelle. Oui, nous étions des morts vivants et Jésus-Christ nous a rendu la vie véritable. Nous désirons maintenant, plus que jamais, que notre vie devienne semblable à la Tienne. En Toi seulement, nous trouvons tout ce que nous cherchons, la véritable Vie. Rien ici-bas, plus rien ne peut nous retenir. Notre ciel commence au Voile déchiré. Agneau de notre vie, nous te demandons de venir et d'éclairer tous nos pas de ta divine Lumière. Merci, que ta compassion et ton amour pour ceux qui souffrent ne change pas. Tu sauves ceux qui sont perdus. Tu guéris ceux qui sont malades et tu délivres ceux qui sont captifs. Merci d'aider maintenant chaque personne qui s'adresse à Toi sincèrement en te soumettant humblement son problème spécifique tel qu'il est. Amen.

18. Jésus-Christ, tu me guéris et tu me sauves

Seigneur, je m'humilie maintenant devant Toi, j'ai décidé de renoncer à tous les péchés dont je peux me rappeler et je te demande sincèrement pardon. Je promets de suivre et d'obéir à l'enseignement de ta Sainte Parole. Je sais que si je fais sincèrement cette promesse je peux maintenant recevoir la guérison dans mon corps. Je reçois et prends ce Salut, cette guérison par la foi en Ton sacrifice. Je reçois aussi Ton sang versé pour le salut de mon âme et pour la guérison de mon corps. Je te remercie et Te loue Seigneur pour cette incroyable guérison. Merci pour Ta miséricorde et grand amour. Amen.

19. J'aide les autres

Merci mon Dieu, mon Père pour la mission que tu me confies lors de ma vie pour venir en aide à ceux qui souffrent. Avec mes mains qui t'appartiennent, je peux grâce à toi semer la douceur. Elles remplacent celles qui ne peuvent plus agir. Dans ces moments-là, Seigneur, viens en aide à présent car c'est Toi qui apaises les douleurs et guéris la personne dans l'attente de Toi, car je ne suis que Ton instrument. Merci Seigneur d'apaiser les souffrances par Ta miséricorde. Amen.

20. Tu effaces tous mes péchés

Ô mon Dieu, ouvre mes yeux et laisse-moi voir le Sauveur, le rédempteur. Laisse-moi voir Jésus. Celui qui mourut pour moi. Je confesse qu'il est ton Fils et je suis désolé.e parce que j'ai péché contre lui. Il est mort pour moi; je vivrai pour lui. Je crois que le sang de Jésus lave et efface tous mes péchés, oui tous mes péchés. Viens dans mon cœur Jésus, oui viens dans mon cœur. Alléluia Tu es venu en moi! Amen.

21. Un Ministère béni

De nombreuses personnes ont été guéries par cette méthode. Voyez comment l'utiliser en lisant Actes 19:11-12: «Et Dieu faisait des miracles extraordinaires par les mains de l'apôtre Paul, au point qu'on appliquait sur les malades des linges ou des mouchoirs qui avaient touché son corps; et les maladies les quittaient, et les esprits malins sortaient». Amen.

22. Le Pardon

Je pardonne pour mon propre bien.
Je décide de pardonner.
Et je le ferai.
Je pardonne à tous ceux qui m'ont fait du tort.
Je me défais de l'amertume, du ressentiment, de la haine et la rébellion.
Je suis accepté.e en Christ et accepté.e par Dieu.
Dieu tu m'aimes. Tu t'intéresses à moi. Tu Te préoccupes de moi.
Je m'accepte moi-même. Je sais c'est la chose la plus difficile. Je ne me dévalorise pas ni me critique, car je suis l'œuvre de Dieu.

23. Vous êtes la priorité

Le vase d'argile dira à celui qui l'a formé: «Pourquoi m'as-tu fait ainsi?» (Romains 9:20). Ce n'est pas à vous d'agir ainsi. Dieu sait ce qu'il fait. Contentez-vous de lui faire confiance. En tant que chrétien, l'autocritique dévalorisante ne représente pas une forme d'humilité. C'est de la rébellion. Ne vous dépréciez jamais. Vous êtes la création de Dieu, son chef-d'œuvre, auquel il a consacré le plus de temps et d'attention parmi tout ce qu'il a créé dans l'univers. Vous êtes au sommet de la liste. Si cela ne vous procure pas un sentiment de bien-être, je ne sais pas ce qu'il vous faut. Obtenez votre libération, maintenant que nous avons exploré les différents aspects du rejet, je voudrais vous inviter à vous en libérer.

24. Je suis ton œuvre

Père, je pardonne. Je dépose mon amertume, mon ressentiment, ma haine et ma rébellion. Je te remercie mon Dieu de m'avoir accepté.e en Christ. Je suis un enfant de Dieu. Le ciel est ma maison. J'appartiens à la meilleure famille de l'univers. Un sang royal coule dans mes veines. Seigneur Jésus-Christ, je crois que tu es le Fils de Dieu et le seul chemin qui mène à lui. Tu es mort sur la Croix pour mes péchés et tu es ressuscité des morts. Je me repens de tous mes péchés et je pardonne toute personne comme j'aimerais que Dieu me pardonne. Je pardonne maintenant à tous ceux qui m'ont rejeté.e et blessé.e ou qui ont manqué d'amour envers moi. Père, je les pardonne tous, oui je désire pardonner absolument à tous maintenant. J'ai confiance en Ton pardon et je crois que tu m'acceptes maintenant tel.le que je suis en Christ. Je suis accepté.e. Je suis éminemment privilégié.e. Je suis l'objet de ton attention particulière. Tu m'aimes vraiment. Tu désires m'avoir avec Toi. Tu es mon Père. Oui, Père, je veux Te remercier. Et je veux te dire encore une chose: Je m'accepte en Christ tel.le que Tu m'as crée.é. Je suis Ton œuvre. Je te remercie pour ce que tu as fait. Je crois que tu as commencé une bonne œuvre en moi et que tu la mèneras à bien pour le Jour de Christ le Seigneur. Je me libère de toute pression ténébreuse et mauvaise. Je libère mon esprit pour me réjouir en Toi. Dans le nom de Jésus-Christ, ton Fils. Ainsi soit-il. Amen.

25. Merveilleuses prières

Le Notre Père,
Notre Père qui es aux cieux!
Que ton nom soit sanctifié,
Que ton règne vienne;
Que ta volonté soit faite sur la terre comme au ciel,
Donne-nous aujourd'hui notre pain quotidien,
Pardonne-nous nos offenses comme nous pardonnons à ceux qui nous ont offensés,
Ne nous soumets pas à la tentation, mais délivre-nous du mal, car c'est à Toi qu'appartiennent le règne, la puissance et la gloire pour les siècles des siècles. Amen

26. Prières pour les abandonné.e.s

Mon Dieu, tu es tout pour moi. Ton nom est tout pour moi. Je te vénère, Oh mon Dieu! Je suis sûr.e que tu es le Salut de tous ceux qui souffrent et que tu es le chemin de l'espoir éternel. Je t'aime Seigneur et je prie pour que ta miséricorde me vienne en aide, car je souffre, comme tu le sais, de l'abandon immérité dans lequel je suis tombé.e. Je te demande, ô mon Dieu de mettre fin à ces conditions et de faire en sorte que je recouvre l'amour de ceux qui m'ont quitté.

Ô Seigneur, quand tu le désires, la vie est rallongée, les malades vont mieux et le péché est effacé. Je t'implore, ô Seigneur afin que tu me remarques à mon tour. Je mets mon espoir en Toi. Libère-moi pour que mon corps affligé recouvre la santé, et que mon cœur, blessé par les épreuves et les peines, aille mieux, avec un nouveau rayonnement. Je suis prêt.e à faire tes œuvres et à suivre tes commandements, Oh mon Dieu! Je fais cette requête avec amour. Pardonne mes péchés et écoute ma prière. Amen.

27. Prière pour tous ceux qui souffrent dans leur chair et leur âme

Seigneur, j'aime la beauté de ta maison où demeure ta gloire. J'aime ta grandeur et ta splendeur. Je crie vers toi pour toutes les souffrances humaines.
Prends miséricorde de toute la misère sur terre.
Prends miséricorde de tous ceux qui ont soif de ton amour.
Prends miséricorde de tous ceux qui ont faim.
Prends miséricorde de tous ceux que mettent leur espoir en Toi.
Seigneur, je te demande pardon pour tous mes péchés. Seigneur, je suis vaincu par ton infinie grandeur et ton puissant pouvoir. Prends miséricorde de tous ceux qui souffrent dans leur chair. Pose ta main gué-

risseuse sur ceux qui se confient en toi maintenant pour les guérir et pour les délivrer de tout ce mal dont ils sont victimes. Nous allons prendre cette guérison par la foi et te remercier et te louer par la foi, Père, Fils et Saint-Esprit. Amen.

28. Prière pour le patient

Mon Dieu, je te prie, dans ton infinie bonté, de poser tes yeux su cette personne qui souffre aujourd'hui bien plus qu'il.elle ne peut le supporter. Protège-le.la. Ô Seigneur je te Prie de rétablir sa santé qu'il.elle espère tant, afin qu'il.elle puisse un jour retourner à une vie normale, dans son foyer. Mon Dieu, il.elle est ta création comme les autres. Tu ne veux pas l'oublier, et par conséquent, je te prie avec ferveur de faire que mon espoir devienne une réalité et qu'il ou qu'elle ait la force et le courage nécessaires de reprendre son travail. Oui, mon Dieu tout puissant, je t'implore pour lui.elle, dont la misère physique augmente de jour en jour et qui souffre tellement, qu'il.elle ne peut plus tenir. S'il te plaît, soulage leurs souffrances et leurs épreuves, afin qu'ils puissent reprendre leur travail dans un avenir proche et permets-leur de vivre dans la dignité selon tes principes éternels. Amen.

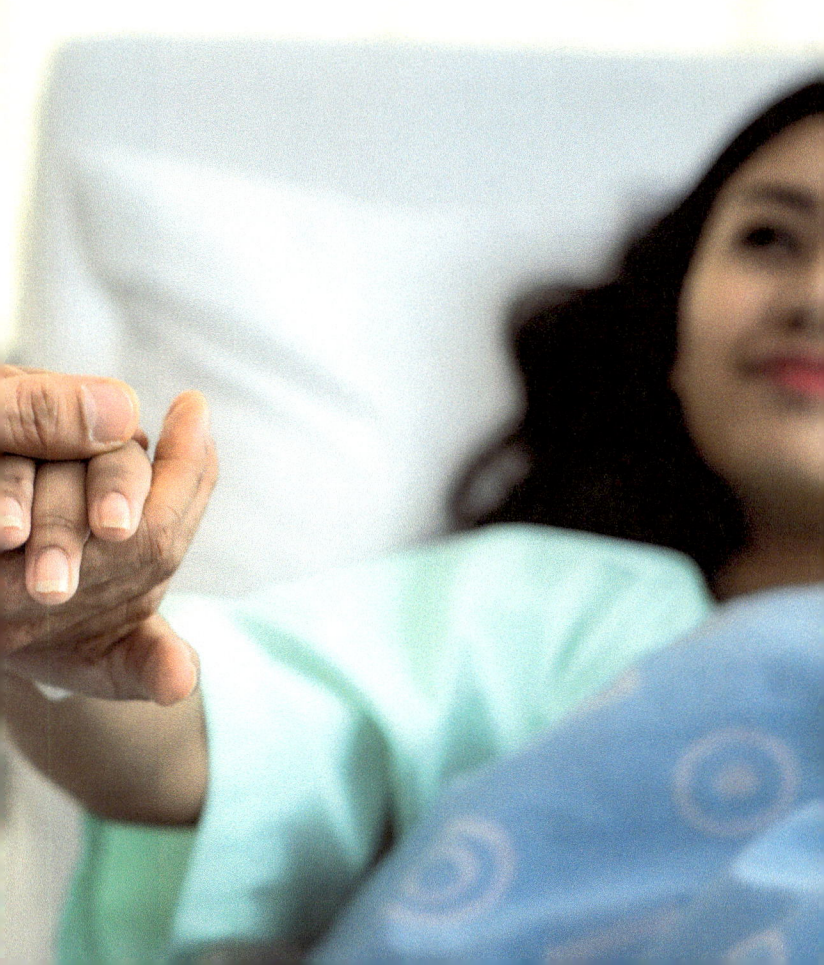

29. Prière pour les malades

Mon Père Céleste juste et miséricordieux au nom de Jésus-Christ, Ton Fils bien-aimé, je te prie de m'accorder ton aide... Je suis ton faible enfant et je ne peux rien faire sans Toi. Cependant, je connais ton infinie miséricorde et je sais que je ne prie jamais en vain. Au nom de Jésus-Christ, exerce ta miséricorde sur mon malheur, sur mes souffrances et sur mes faiblesses. Accorde-moi ta guérison. C'est de tout mon cœur que je te le demande, que je te prie. Je requiers ton aide. Père de miséricorde et de justice, guéris-moi et je te promets que cette nouvelle vie de Santé sera uniquement pour mieux te servir. Amen.

30. Écoute ma prière

Mon Dieu, toi qui es grand, Toi qui es toute chose, Toi en qui j'ai placé tout notre espoir, Toi que j'adore et à qui je veux consacrer ma vie entière, permets que je change avec le désir de te plaire, permets que ma tâche me semble plus facile, mes sacrifices plus légers et que le temps que je te donne soit un plaisir. Tu m'as donné des sentiments à développer, aide-moi à les faire s'épanouir de façon à me rendre meilleur.e et plus pur.e. Jour après jour, rends-moi capable d'accomplir tes désirs. Amène-moi plus près de toi. Je te demande tes grands bienfaits afin que ton pardon s'étende au-dessus de mes œuvres; fais que mon esprit ne soit prisonnier du matérialisme et qu'il ne se laisse diriger par la tentation.

Écoute mes prières puisqu'elles ont pour but ma croissance spirituelle, et aide-moi à découvrir les choses en difficulté; aide-moi à les vaincre afin qu'elles diminuent et amène-moi plus près de Toi. Amen.

 Carla Salas est cheffe de projet communication dans le secteur privé à Genève.

Elle est convaincue que prier est un moyen de se recueillir, se trouver soi-même, et atteindre un niveau de spiritualité satisfaisant et optimal. Avec ce livre elle rend une sorte d'hommage à Sabina et Henry, deux amis chers.

Avec un brin d'ancienneté, ces prières vous immergeront dans une spiritualité rajeunie et stimulante.

www.carlasalas.ch